CATALOGUE

DE LA

BIBLIOTHÈQUE

DE PÉRONNE

DRESSÉ PAR M. HIVER

1er NOVEMBRE 1865

PÉRONNE
TYP. ET LITH. DE J. QUENTIN
GRANDE PLACE, 33

CATALOGUE

DES OUVRAGES QUI SE TROUVENT A LA

BIBLIOTHÈQUE

DE PÉRONNE
1866

PÉRONNE — TYP. ET LITH. DE J. QUENTIN.

CATALOGUE

DES OUVRAGES QUI SE TROUVENT A LA

BIBLIOTHÈQUE

DE PÉRONNE

RELIGION — PHILOSOPHIE

A

Abelly. Medulla theologica pour Louis Abelly.
Annates. Traité des Annates.
Arnauld. L'Efprit de M. Arnauld.
Auguſtin (S^t). De la Cité de Dieu, par St Auguſtin.
   id. Explication du Pſaume 118 tirée de St Auguſtin.

B

Bacon. Examen de la Philofophie de Bacon, par le comte Jofeph de Maiſtre.
Baronius. Abrégé des Annales eccléfiaſtiques de Céfar Baronius, traduites par Charles Chaulmer.
Baruch.

Bazin.	Supplément à la Philosophie de l'Histoire, par feu l'abbé Bazin.
Bergier.	Le Déisme réfuté par lui-même, par Bergier.
Beuve (Ste).	Résolutions de plusieurs cas de conscience touchant la morale et la discipline de l'église, par Jacques de Ste-Beuve.
Blondeau.	La Bibliothèque canonique, par Blondeau.
Borjon.	Abrégé des Actes concernant le clergé de France, par Borjon.
Borrhomée.	Instruction de St Charles Borrhomée à tous les confesseurs.
Bosset.	Abrégé de l'Essai de M. Locke sur l'entendement humain, par Bosset.
Bossuet.	Histoire universelle de Bossuet.
Boucher (Le).	Le Pélerinage de Notre-Dame de Moyenpont, par Jean Le Boucher.
Bourdaloue.	Sermons du P. Bourdaloue.
Bourdeilles.	Ordonnances synodales de Soissons publiées par ordre de Mgr Bourdeilles.
Boyer.	Principes de l'Administration temporelle des paroisses, par l'abbé de Boyer.
Busée.	Méditations sur les Évangiles, par le révérend père Busée, jésuite.

C

Calmet.	Traité historique et dogmatique sur les apparitions, visions et révélations particulières, par Dom. Calmet.
Calvinisme.	Histoire du Calvinisme, par le P. Maimbourg.
Cantique.	Le Cantique des Cantiques.
Catéchisme	Imprimé par ordre de Mgr Colbert, évêque de Montpellier.

Catéchisme	Ou Exposition de la Doctrine chrétienne, imprimé par ordre de Mgr de Soissons.
Chanoines.	Recueil de décisions sur les obligations des chanoines, par un chanoine de l'église de Noyon.
Chantal.	Vie de Ste Fremiot de Chantal, fondatrice de l'ordre de la Visitation Ste Marie.
Chrétienne.	Morale chrétienne.
id.	Année chrétienne.
Clergé.	Lois sur le clergé.
id.	Affaires du clergé.
id.	Extraits de procès-verbaux de clergé.
Collette.	Histoire de Ste Collette, revue par de Montis.
Commandes.	Traité des Commandes et des Réserves, par M. Piales.
Commendataire.	L'Abbé commendataire, par le sieur Desbois.
Conciles.	Histoire des Conciles, par Hermant.
id.	Dictionnaire des Conciles.
Conscience.	Dictionnaire des cas de conscience, par Jean Pontas.
Costa.	Histoire de l'origine et du progrès des revenus ecclésiastiques, par Jérôme à Costa.
Cousin.	Philosophie sensualiste au xviiie siècle, par Victor Cousin.
id.	Philosophie de Kant, par Victor Cousin.
Crasset.	Considérations chrétiennes pour tous les jours de l'année, par Crasset.

D

Danicourt.	Le Livre des Psaumes, traduction de l'abbé Danicourt.
Daniel.	
David.	Les Psaumes.

David. Traduction de Michel de Marillac.
id. Le Sens propre et littéral des Pfaumes de David, par Philippe Lallemant.
id. Davidicum Pfalterium.
Déiftes. Traité de Religion contre les athées et les déiftes par le révérend P. de l'Oratoire.
Defmay. La vie de St Furfy, par Jacques Defmay.
Deuteronome.
Dupleffis. Pratique de la Miffion, par le P. Dupleffis.

E

Eccléfiafte. L'Eccléfiafte de Salomon.
Eccléfiaftique. L'eccléfiaftique.
id. Dictionnaire eccléfiaftique, par une fociété de religieux.
id. Conférences eccléfiaftiques du diocèfe de Condom.
id. Conférences eccléfiaftiques du diocèfe de Luçon.
id. L'Emploi des eccléfiaftiques.
Écriture sainte. Caractères tirés de l'Écriture fainte.
id. Introduction de l'Écriture fainte, par Lamy.
id. Stances chrétiennes fur divers paffages de l'Écriture fainte et des Pères, par l'abbé Teftu.
id. Notice fur l'Écriture fainte, par le R. P. Colombe, Barnabite.
Églife. Calendrier hiftorique et chronologique de l'Églife de Paris, par Lefevre.
Efdras.
Efther.
Euchariftie. Inftructions fur les difpofitions qu'on doit apporter aux facrements de pénitence et d'euchariftie.

Exode.
Ézéchiel.

F

Fénélon.	Œuvres spirituelles de Fénélon.
id.	Œuvres philosophiques de Fénélon, de l'existence de Dieu.
Fêtes.	Nouvelles fleurs des Vies des saints et Fêtes de l'année.
Filles.	Instructions sur divers sujets de morale pour l'éducation des filles.
id.	Conversations sur plusieurs sujets de morale propres à former les jeunes filles à la piété.
Fléchier.	Recueil d'Oraisons funèbres prononcées par Fléchier.
François.	La Règle du Tiers-Ordre de St François, par le P. Léonard, de Paris.

G

Gallicane.	État de l'Église gallicane durant le schisme.
id.	Du Renversement des libertés de l'Église gallicane.
Genèse.	La Genèse traduite en français.
Girard.	Les Peintures sacrées, par Girard.
id.	Le Guide des pécheurs, par Louis de Grenade, traduit par Girard.
id.	Les petits Prones, par M. Girard, ancien curé de St-Loup.
Gobinet.	Instruction de la Jeunesse en la Piété chrétienne, par Charles Gobinet.

Gros. Sermons, Mandements de Mgr Gros, évêque de Verſailles.

H

Humanité. Nouvelle Loi morale et religieuſe de l'Humanité, par Félix Voiſin.

I

Iſaïe.

J

Jean (St). Office du martyre de St Jean.
Jérémie.
Jérôme. Lettres de St Jérôme.
Jéſuites. La Morale pratique des Jéſuites.
id. La Politique des Jéſuites.
id. Les Intrigues ſecrètes des Jéſuites.
id. Plaidoyer de Pierre de Lamartelière pour le recteur de l'Univerſité contre les Jéſuites.
Job.
Joli. Prônes de Claude Joli, évêque d'Agen.
Joſué.
Judith.
Juges. Les Juges.

L

Lamy. L'Incrédule amené à la religion par la raiſon, par le P. Lamy.

Lafalle (De). Conjectures philofophiques, religieufes et politiques, par Albert François de Lafalle.

Lenfant. Hiftoire générale de tous les fiècles de la nouvelle loi, par le père David Lenfant.

Lévitique. Le Lévitique.

Lieffe. Hiftoire de Notre-Dame de Lieffe, par M. Villette.

Luthéranifme. Hiftoire du Luthéranifme, par le P. Maimbourg.

M

Machabée.

Maimbourg. Hiftoire du Calvinifme, par le P. Maimbourg.

Malé. Les Miffionnaires proteftants et les Miffionnaires catholiques, par l'abbé Malé.

Mallet de Chilly. Les Prophètes traduits de l'hébreu, par Mallet de Chilly.

Mariage. Conférences eccléfiaftiques fur le Mariage établies par le cardinal de Noailles, archevêque de Paris.

Maffillon. Sermons de Maffillon.

id. Œuvres de Maffillon.

Morale. Continuation des Effais de Morale.

N

Nicole. Inftructions théologiques et morales fur les Sacrements, par feu M. Nicole.

id. L'Efprit de M. Nicole.

Noailles. Conférences eccléfiaftiques fur l'ufure, établies et imprimées par ordre du cardinal de Noailles.

Nombres. Les nombres.
Noyon. Statuts et Ordonnances fynodales de l'églife et du diocèfe de Noyon.
id. Recueil de Mandements, Sentences, Décifions des évêques de Noyon.

O

Orfanne. Journal de l'abbé d'Orfanne, contenant tout ce qui s'eft paffé dans l'affaire de la Conftitution unigenitus.

P

Paix. Traité de la paix intérieure.
Paralipomènes. Les Paralipomènes.
Paris. Le Saint Évangile felon Mathieu, traduit en picard amiénois par Édouard Paris, d'Amiens.
Paroiffes. Traité du Gouvernement fpirituel et temporel des Paroiffes, par M. J***.
Pénitence. Pratique du Sacrement de Pénitence.
Philofophes. La Vie des plus illuftres philofophes de l'antiquité.
Prophètes. Les douze petits Prophètes.

R

Réformée. Recueil d'édits pour l'extirpation de la Religion réformée.
Religieufes. Affociations religieufes du département du Nord.
Religion. La véritable Religion cherchée et trouvée.

Rois.	Les Livres des Rois.
Royaumont.	L'Hiftoire du vieux et du nouveau Teftament, par le Sʳ de Royaumont, prieur de Sombreval.
Ruth.	

S

Sacrement.	Office du Sᵗ Sacrement.
Salomon.	Les Proverbes de Salomon.

T

Teftament.	Concordance de l'ancien et du nouveau Teftament.
id.	Explication du nouveau Teftament.
Théologie.	Tractatus theologicus.
Théologique.	Dictionnaire théologique.
Tobie.	
Trente.	Différents Actes et Difcours du Concile de Trente.
id.	Catéchifme du Concile de Trente.

U

Unigenitus.	Mémoires fur la Conftitution Unigenitus.

DROIT — JURISPRUDENCE COUTUMES

A

Abbeville. Coutumes de Ponthieu et d'Abbeville, par Duchefne et Delegorgue.
Abus. Traité de l'Abus, par Charles Fevret.
Adminiftratif. Manuel adminiftratif, par Fleurigeon.
Adultère. Traité de l'Adultère, par Fournel.
Aides. Dictionnaire des Aides, par Brunet de Granmaifon.
id. Recueil de Plaidoyers faits en la Cour des Aides, par Lebret.
Aléatoires. Traité des Contrats aléatoires.
Amiens. Procès-Verbal d'inftallation du Tribunal d'appel d'Amiens, le 25 thermidor an 8.
Ancienne. Hiftoire ancienne, par Rollin.
Anjou. Coutumes d'Anjou avec le Commentaire de Gabriel Dupineau.
id. Commentaire fur la Coutume d'Anjou, traduit, de René Choppin.
Apoftoliques. Nouveau Style général des Notaires apoftoliques.
Arbitrage. Traité général de l'Arbitrage, par Goubeau de Bilennerie.
Argentré. Commentaires de d'Argentré.
Argou. Inftitution au Droit français, par M. Argou.
Armée. Efquiffe d'un Code criminel de l'armée, par Pierre Legrand.
Arras. Coutume locale d'Arras.

Arrêts.	Divers recueils d'Arrêts.
id.	Recueil d'Arrêts du Parlement de Paris, par Pierre Bordet.
id.	Dictionnaire des Arrêts, par Pierre-Jacques Brillon.
Arreſtez.	Arreſtez de M. le préſident de Lamoignon.
Artois.	Coutumes générales d'Artois.
id.	Coutumes générales d'Artois, par Adrien Maillart.
Aſſelin.	Coutumes de Chaulny, par Aſſelin.
Auxerre.	Coutumes du Comté et Bailliage d'Auxerre, par Edme Billon.
Avocat.	L'Éloge et les Devoirs de la profeſſion d'Avocat.
id.	Lettres ſur la profeſſion d'Avocat, par Camus.
id.	Règles pour former un Avocat, par Boucher d'Argis.

B

Bacquet.	Œuvres de Jean Bacquet, par Nicolas Belut.
Bailleul.	Réponſe de Carnot à Bailleul (conjuration du 18 fructidor).
Ban.	Traité du Ban et de l'Arrière-Ban, par M. Delaroque.
Bar.	Coutumes de Bar.
Baſnage.	Traité des Hypothèques, par Henri Baſnage.
id.	La Coutume réformée de Normandie, par Henri Baſnage.
Belgique.	Inſtitutions du Droit en Belgique, par Georges de Ghewiet.
Belmondi.	Code des Contributions directes, par Belmondi.
Bénéfices.	Traité des Bénéfices eccléſiaſtiques.

Bénéfices.	Traité des Bénéfices, par Fra Paolo Sarpi, traduit par l'abbé de St-Marc.
id.	Traité des Collations et Provifions des Bénéfices, par M. Piales.
id.	Traité fur le Partage des fruits des Bénéfices, par Michel Duperray.
id.	Des Droits de patronage de préfentation aux Bénéfices, par Claude de Ferrières.
id.	Traité des Moyens canoniques pour acquérir des Bénéfices, par Michel Duperray.
id.	Difcipline de l'Églife touchant les Bénéfices.
Bénéficiaires.	Recueil de Queftions bénéficiaires, par Pérard Caftel.
Bénéficiales.	Recueil des principales Décifions en matière bénéficiale, par Drapier.
id.	Inftitutions eccléfiaftiques et bénéficiales, par Jean-Pierre Gibert.
id.	Pratiques bénéficiales fuivant l'ufage général et celui de la province de Normandie, par Ch. Routier.
Berry.	Décifions fur les Coutumes de Berry, par Gafpard Thaumas de la Thaumaffière.
id.	Queftions et Réponfes fur les Coutumes du Berry, par Gafpard Thaumas de la Thaumaffière.
id.	Nouveau Commentaire fur les Coutumes du Berry, par Gafpard Thaumas de la Thaumaf. fière.
Bienfaifance.	Traité des Contrats de bienfaifance.
Bigotière.	Coutume de Bretagne, par René de la Bigotière.
Billain.	Factum pour Mme de St-Géran, par Billain.
Billecart.	Coutumes de Châlons, avec le Commentaire de Louis Billecart.

Billecocq.	Principes du Droit français fur les Fiefs, par Billecocq.
Blegny.	Traité des Vérifications d'écriture, par de Blegny.
Bobe.	Commentaires fur les Coutumes de Meaux, par Jean Bobe.
Bonel.	Inftitution au Droit eccléfiaftique de France, par Charles Bonel.
Borjon.	Des Offices de judicature, par Borjon.
Bornier.	Conférences des Ordonnances de Louis XIV, par Philippe Bornier.
Boft.	Traité de l'organifation et attributions des Corps municipaux, par Boft.
Bouchel.	La Bibliothèque du Droit français, par Laurent Bouchel.
Boucher d'Argis	Traité de la Crue des Meubles, par Boucher d'Argis.
id.	Code rural, par Boucher d'Argis.
Boulonnais.	Coutumes du Boulonnais, par Bertrand Louis le Camus d'Houloufe.
Bouquet.	Le droit public de France, par Bouquet.
Bourgogne.	Coutumes de Bourgogne.
id.	Coutumes de Bourgogne, avec Commentaire de Taifand.
Bourjon.	Le Droit commun de France ou la Coutume de Paris, par François Bourjon.
Boutaric.	Les Inftitutes de Juftinien conférées avec le Droit français, par François de Boutaric.
Bouteiller.	La Somme rurale, par Jean Bouteiller.
Bretagne.	Coutume de Bretagne, par Michel Sauvageau.
id.	Coutumes de Bretagne, par René de la Bigotière.
Bretonnier.	Recueil de Queftions de Droit, par Bretonnier.

Bretonnier.	Œuvres de Claude Henrys, par Bretonnier.
Breyé.	Traité du Retrait féodal et du Retrait lignager, par François Xavier Breyé.
Briquet (de)	Code militaire, par de Briquet.
Brohard.	Édit des Hypothèques de juin 1771, par Brohard.
Bruneau.	Obfervations et Maximes fur les Matières criminelles, par Bruneau.
Brunet.	Recueil des principales Décifiôns fur les Dimes, par Brunet.
Buridan.	Coutumes de Vermandois, par de Buridan.

C

Cambray.	Coutumes de Cambray.
Camus.	Traité des Portions congrues, par Camus.
Canonici.	Juris Canonici Inftitutiones.
Canonique.	Hiftoire du Droit canonique, par Doujat.
id.	Dictionnaire civil et canonique, par Jean Thaumas.
id.	Dictionnaire de Droit canonique et de Pratique bénéficiale, par Durand de Maillane.
Caufes célèbres.	Recueil de Caufes célèbres, par Delaville et autres.
Challine.	Méthode générale pour l'intelligence des Coutumes, par Paul Challine.
Champagne.	Traité de la Légitime, par Guillaume de la Champagne.
Charondas.	Œuvres de Louis Charondas Le Caron.
Chartres.	Coutumes du Duché de Chartres, par J. Couart.
Chaffe.	Manuel des Chaffes.
id.	Code des Chaffes.
id.	La Loi fur la Chaffe, par le baron Dufour.

Chauveau.	Essai sur le Régime des Eaux navigables et non navigables, par Chauveau, Adolphe.
Chemins.	Coutumes sur la Largeur des Chemins.
Chenu.	Recueil de Règlements notables et particuliers, par Jean Chenu.
Choppin.	Trois livres du Domaine de la Couronne, par René Choppin.
id.	Trois livres de la Police eccléfiaftique, traduits de René Choppin, par Jean Tournet.
Citoyen.	Dictionnaire du citoyen.
Civile.	Style en matière civile, par Gauret.
id.	Les Lois civiles, par Domat.
id.	De l'Indépendance de la Loi civile, par le comte Rossi.
id.	Nouveau Commentaire sur l'Ordonnance civile.
id.	Juris civilis tractatio, par de Ferrière.
Clarus.	Opera omnia Julii Clari.
Clermont.	Coutumes de Clermont, Senlis, annotées par Charles Dumolin.
Cochin.	Œuvres de feu Cochin, avocat au parlement.
Code civil.	Recueil de Lois composant le Code civil,
id.	Conférence du Code civil.
id.	Code Napoléon.
Code pénal.	Code pénal 1777.
Code judiciaire.	
Collet.	Traité des Devoirs, par M. Collet.
Colombet.	Abrégé de la Jurisprudence romaine, par Claude Colombet.
id.	Institutionum imperialium descriptio, par Colombet.
Combe.	Traité des Matières criminelles, par Guy du Rousseaud de la Combe.
	Recueil de Jurisprudence, par Guy du Rousseaud de la Combe.

3

Combe.	Jurisprudence canonique et bénéficiale, par Guy du Rousseaud de la Combe.
id.	Commentaire sur les nouvelles Ordonnances, par Guy du Rousseaud de la Combe.
Communauté.	Traité de la Communauté, par Philippe de Renusson.
id.	Traité de la Communauté.
Communauté	d'habitants. — Traité général du gouvernement des biens et affaires des communautés d'habitants, par Edme de la Poix de Fréminville.
Conférences.	Procès-verbal des Conférences tenues par les commissaires du roi pour la composition de l'ordonnance civile d'avril 1667 et de l'ordonnance criminelle d'août 1670.
Conseils de préfecture.	Code annoté des conseils de préfecture délibérant au contentieux, par Orillard.
Constitution.	Constitution française 1791.
id.	Projet de Constitution de République présenté le 5 messidor an 3.
Contrôle.	Recueil de Règlements concernant le contrôle des exploits.
id.	Commentaire sur les Tarifs du contrôle.
Conventions.	Instruction sur les Conventions.
Coquille.	Œuvres de Guy-Coquille.
Corpus.	Corpus juris civilis.
Couchot.	Le Praticien universel, par M Couchot.
Coussergues.	Projet de proposition d'accusation contre le duc de Cazes, par Clausel de Coussergues.
Coutumier.	Coutumier de Picardie avec les Commentaires.
Covarruvias.	Œuvres de Covarruvias, évêque de Séville.
Crimes.	De la manière de poursuivre les crimes dans les différents tribunaux.
Criminelle.	Style en matières criminelles, par Gauret.
id.	Traité des matières criminelles, par M. de Merville.

Criminelle.	Ordonnances de Louis XIV pour les matières criminelles.
id.	Nouveau Commentaire fur l'ordonnance criminelle d'août 1670.
id.	Obfervations et Maximes fur les matières criminelles, par Bruneau.
id.	Inftructions fur les Procédures criminelles du parlement.
Cujas.	Commentaires de Cujas.
Curatelle.	Traité des Minorités, Tutelles et Curatelles.
Curés.	Code des Curés.
id.	Recueil d'Édits, Déclarations et Arrêts rendus en faveur des curés et chanoines.
id.	Traité des Portions congrues et du Droit des curés, par Michel Duperray.
id.	Traité des Patrons et Curés primitifs, par Michel Duperray.
id.	Décifions qui regardent les curés.
id.	Défenfe des Abbés commendataires et des Curés primitifs contre les plaintes des moines et curés.
id.	Le Droit écrit et jugé entre les curés primitifs et leurs vicaires perpétuels.
id.	Differtation fur le Pécule des curés.

D

Dagueffau.	Œuvres de Dagueffau.
Damiens.	Procès de Robert-François Damiens.
Danty.	Traité de la Preuve par Témoins, par Danty.
Dareau.	Traité des Injures, par Dareau.
Delalande.	Coutume d'Orléans, par Delalande.
Delamarre.	Traité de la Police, par Delamarre.

Délit.	Traité des Délits et des Peines.
id.	Code des Délits et des Peines.
Delommeau.	Maximes générales du Droit français, par Delommeau.
Denifart.	Actes de Notoriété, par Denifart.
id.	Collection de Décifions relatives à la jurifprudence, par J.-B. Denifart.
Defeffarts.	Procès fameux par Defeffarts.
Defmaifons.	Recueil d'Arrêts et Règlements du parlement, par Defmaifons.
Digefte.	La Clef du Digefte, par François Lagrené.
id.	La Jurifprudence du Digefte, par Claude de Ferrière.
id.	Obfervations de Mornac fur les vingt-quatre premiers livres du Digefte.
Dîmes.	Traité des Dîmes en général, par M. L. M.
id.	Principes et ufages concernant les Dîmes, par de Jouy.
id.	Traité hiftorique et chronologique des Dîmes, par Michel Duperray.
id.	Projet de Dîme royale fupprimant la taille, par le maréchal de Vauban.
Diodore.	Diodori Tuldeni commentarius ad Codicem juftinianeum.
Domaine.	Dictionnaire raifonné des Domaines et Droits domaniaux.
id.	Nouvelles inftructions générales pour la Perception des Droits du Domaine.
Donations.	Traité des Donations, par Marie Ricard.
id.	Obfervations fur les Donations, par Pajon.
id.	Efprit des deux Ordonnances de Louis XV fur les Donations et Teftaments.
Dorléans.	Difcours fur les Ouvertures des Parlements, par Louis Dorléans.

Douaire.	Traité du Douaire.
id.	Traité du Douaire, par Philippe de Renuſſon.
Droit.	Répertoire des ouvrages de Légiſlation, de Droit et de Juriſprudence, par de Fontaine de Reſbecq.
id.	Dictionnaire de Droit et de Pratique, par Claude-Joſeph de Ferrière.
id.	Le Droit civil français, par Toullier.
id.	Analyſe raiſonnée du Droit français, par Gin.
Duboſt.	Juriſprudence ſur les Amortiſſements, Franc-Fiefs, nouvel Acquêt, par Duboſt.
Ducaſſe.	La Pratique de la Juriſdiction eccléſiaſtique, par Ducaſſe.
Dufreſne.	Traité théorique et pratique ſur le Tarif des Droits et Indemnités alloués aux greffiers en chef des cours et tribunaux, par Adolphe Dufreſne.
id.	Journal des principales audiences du parlement, par Jean Dufreſne.
Dumont.	Manuel des Maires, par Dumont.
id.	Nouveau Style criminel, par Dumont.
Dumoulin.	Les Coutumes générales de France et des Gaules, par Charles Dumoulin.
Duperray.	Traité des Diſpenſes de mariage, par Michel Duperray.
id.	Notes et obſervations ſur l'Édit de 1695, par Michel Duperray.
id.	Queſtions ſur le Concordat fait entre Léon X et François I, par Michel Duperray.
id.	Obſervations ſur le Concordat de Léon X et de François I, par Michel Duperray.
Dupleſſis.	Traité de Dupleſſis ſur la Coutume de Paris.
Duret.	Alliance des Lois romaines avec le Droit français, par Duret.

Duval de la Lif- L'ancien Clerc du Palais réformé, par Néel
fandrière. Duval de la Liffandrière.
id. Le parfait Procureur, par Néel Duval.

E

Eaux et Forêts. Conférence de l'Ordonnance de Louis XIV fur le fait des eaux et forêts.
Eccléfiaftique. Inftitution au Droit eccléfiaftique, par l'abbé Fleury.
id. Lois eccléfiaftiques, par Louis de Héricourt.
Édits. Différents recueils d'Édits depuis 1453 jufqu'en 1718.
Églife. Légiflation complète des Fabriques d'Églife, par Le Befnier.
id. Traité de la Jurifdiction volontaire et contentieufe des officiants et des autres juges d'églife.
Électoral. Code électoral, par Ifambert.
Efpeiffes. Les Œuvres de M. Antoine d'Efpeiffes.
Everhardi. Confilia five refponfa Nicolaï Everhardi.

F

Fabrianus. Codex.
Factums. Factums et Arrêts — divers recueils.
Faux. Code du faux, par François Serpillon.
Faye. Les Remonftrances ou Harangues faites au parlement, par Jacques Faye.
Féodal. Code féodal, par un homme de loi, 1789.
Féodaux. Code des feigneurs, haut-jufticiers et féodaux.
Ferrières. Commentaire fur la Coutume de Paris, par Claude de Ferrières.
id. Hiftoire du Droit romain, par Claude-Jofeph de Ferrières.

Ferrières.	La Science parfaite des notaires, par Claude-Joseph de Ferrières.
id.	Coutumes de Paris, par Claude de Ferrières.
id.	Corps et compilation de tous les commentateurs anciens et modernes sur la Coutume de Paris, par Claude de Ferrières.
id.	Introduction à la pratique, par Joseph de Ferrières.
Fiefs.	Traité des Fiefs, par Claude Pocquet de Livonière.
Firmigier-Lanoix.	Code des successions, par Firmigier-Lanoix.
Flandres.	Arrêts du parlement de Flandres, par Jacques Pollet.
id.	Les Coutumes et Lois du comté de Flandres, par Legrand.
Fons (De la)	Coutumes générales et particulières du bailliage du Vermandois, par Claude de la Fons.
Forêts.	Dictionnaire des eaux et forêts.
id.	Abrégé de Jurisprudence des eaux et forêts.
Fournel.	Traité de la Séduction considérée dans l'ordre judiciaire, par Fournel.
Fréminville.	Dictionnaire de la Police, par Edme de la Poix de Fréminville.
id.	La Pratique des terriers, par Edme de la Poix de Fréminville.
Furgole.	Commentaire de l'ordonnance de Louis XV sur les substitutions par Furgole.

G

Gauret.	Style universel pour les Saisies réelles, criées, ventes et distribution de prix des immeubles, par Gauret.

Gefvre.	Procès du marquis de Gefvre et d[lle] de Maferanni, fon époufe.
Gomez.	Trois tomes de Commentaires et diverfes Réfolutions de Droit civil, par Antoine Gomez.
Gradué.	Traité des Gradués.
id.	Principes fur les Droits et Obligations des Gradués, par M. de Jouy.
Grenier.	Commentaire fur l'Édit des hypothèques, par Grenier.
Guenoys.	La nouvelle et dernière Conférence des Ordonnances et Édits royaux, par Pierre Guenoys.
id.	La Conférence de Coutumes, par Pierre Guenoys.
Gui-Pape.	Lecture et Commentaire de Gui-Pape.
Guyot.	Répertoire de Jurifprudence, par Guyot.

H

Habitation.	Traité du droit d'Habitation.
Harangues.	Le tréfor des Harangues, par M. L. G., avocat au parlement.
Hainaut.	Les Chartes nouvelles du pays de Hainaut.
Henri III.	Code du roi Henri III, roi de France et de Pologne.
Honorifiques.	Traité des Droits honorifiques, par Maréchal.
Huet.	Commentaire fur la Coutume de Larochelle, par Eftienne Huet.
Huiffiers.	Style général des Huiffiers.
Hypothécaire.	Régime hypothécaire, par Perfil.

I

Imbert.	La Pratique judiciaire, par Jean Imbert.
Immeubles.	Traité de la Vente des Immeubles, par Louis de Héricourt.

Iffali. Les Plaidoyers et Harangues de Lemaiftre, par Jean Iffali.

J

Jacquet. Traité des Juftices de feigneur, par Jacquet.
Jannès. Principes de la Jurifprudence françaife, par Prévôt de la Jannès.
Joliboïs. Inftallation de M. Jolibois, procureur général à Chambéry.
Jouy (De) Arrêts de règlements recueillis et mis en ordre par de Jouy.
Juge. Les qualités néceffaires au juge.
Juge-de-Paix. Manuel des juges-de-paix, maire, adjoint, commiffaire de police.
Jurifprudence. Jurifprudence de la Cour de Caffation, par J.-B. Sirey, de 1791 à 1841.
id. Recueil général de Jurifprudence françaife, par Merlin.
id. Journal de Jurifprudence 1763-1764.
id. Dictionnaire de Jurifprudence.
id. Principes de la jurifprudence françaife.
id. Principes de Jurifprudence fur les vifites et rapports judiciaires, par M. Prévoft.
Juftice. Mémorial alphabétique des chofes concernant la juftice.
id. Nouveau Règlement dans l'adminiftration de la juftice.
Juftinien. Inftitutes de Juftinien.
id. Inftitutes de Juftinien, par de Lorry.

L

Lamé-Fleury. Recueil de lois, décrets relatifs aux appareils à vapeur, par Lamé-Fleury.

Lange.	Le Praticien français, par Lange.
Laplace.	Introduction aux Droits feigneuriaux, par Laplace.
Lafferre.	L'Art de procéder en juftice, par Louis Lafferre.
Laurière.	Inftitutes coutumières de Loifel annotées par Eufèbe de Laurière.
Lebrun.	Traité des Succeffions, par Denis Lebrun.
Le Camus.	Traité des Intérêts des créances, par Le Camus, d'Houloufe.
Le Caron.	Commentaire fur les Coutumes de Péronne, Montdidier et Roye, par Claude Le Caron.
Legrand.	Coutumes de Troyes, avec les Commentaires de Louis Legrand.
Lemaiftre.	Coutume de Paris, par Pierre Lemaiftre.
Lenoble.	Plaidoyers de M. Lenoble.
Lepage.	Procédure civile, par Lepage.
Leridant.	Code matrimonial, par Leridant.
Leu (St)	Coutumes du bailliage de Senlis, par M. de St-Leu.
Librairie.	Code de la Librairie.
Lois.	Recueil des lois de 1789.
Louage.	Traité du Contrat de louage.
Louet.	Recueil d'Arrêts de M. Georges Louet.
Louis XV.	Code Louis XV.
Loyfeau.	Les Œuvres de Charles Loyfeau, par Claude Joly.

M

Magiftrat.	Effai fur l'idée du parfait Magiftrat.
Mailher de Chaffat.	De l'interprétation des lois, par Mailher de Chaffat.

Maires.	Manuel des Maires, par Rondonneau.
Maunory.	Plaidoyers et Mémoires, par M. Maunory.
Mariage.	Traité du Contrat de Mariage.
id.	Recueil d'Édits fur le Mariage.
Marion.	Plaidoyers de Simon Marion, 1609.
Mafcardi.	Jofephi Mafcardi de Probationibus.
Maffac.	Manuel de rentes, par de Maffac.
Mafuer.	La Practique de Mafuer.
Menochius.	Commentaire fur les préfomptions, par Jacobus Menochius.
Mercier.	Remarques du Droit français, par Jérôme Mercier.
Mefmes (De)	Journal du Palais, par le préfident de Mefmes.
Michaut.	Les Coutumes confidérées comme lois de la nation, par Michaut.
Miniftère public	Traité fur le Miniftère public, par Schenck.
Molinœi.	Caroli opera omnia.
Montvalon.	Epitome juris et legum romanarum, par de Montvalon.
Moreau.	Acte d'accufation de Georges Pichegru, Moreau et autres.
id.	Obfervations fur la défenfe de Moreau.
Mornac.	Obfervations de Mornac fur les quatre livres du Code.
Mort civile.	Traité de la Mort civile, par François Richer.
Moulin.	Traité du Droit de bâtir moulin et des banalités, par M. L. C. M.
Municipalité.	Recueil fur la Municipalité.

N

Namur.	Coutumes de Namur.
Néron.	Les Édits et Ordonnances des rois François Ier à Louis XIV fur l'abréviation des procès, par Pierre Néron.

Nefmond. Remontrances et Arrêts, par André de Nef- mond.

O

Obligation. Traité des Obligations.
Ordonnances. Différents Recueils d'ordonnances.
Orléans. Coutume d'Orléans, par Pothier.

P

Paix. Code de la Juſtice de Paix.
Papon. Recueil d'Arrêts, par Papon.
Paris. Coutumes de Paris et de Péronne.
id. Coutume de Paris, par Euſèbe de Laurière.
Peculat. Obſervations ſur un manuſcrit intitulé Traité du Peculat.
Pereſii. Inſtitutiones imperiales Antonii Pereſii.
Péronne. La Coutume de Péronne.
Piales. Traité de l'expeƈtative des gradués, des droits et priviléges des univerſités et des avantages que l'Égliſe et l'État en retirent, par M. Piales.
id. Traité des proviſions de la cour de Rome, par M. Piales.
id. Traité des Commandes ou des Réſerves, par Piales.
Pocquet. Règles du Droit français, par Claude Pocquet de Livonière.
Polonais. Procès du Polonais (boucher d'Athies).
Pothier. Traité de la Poſſeſſion et de la Preſcription, par Pothier.
Praticien. Le Praticien du Châtelet.
Preſſe. Loi ſur la Preſſe.

Prestre (Le)	Questions de Droit et Arrêts, par Claude Le Prestre.
Procécure civile	Traité de la Procédure civile.
id.	Instructions pour dresser les procédures des procès civils, par Jean Ricard.
Propres.	Traité des Propres, par de Renusson.
Propriété.	Traité du Droit de Domaine de propriété.
Proudhon.	Cours de Droit français, par Proudhon.
Provence.	Discours prononcés au parlement de Provence, par un avocat-général.
Puymisson.	Plaidoyers de Jacques de Puymisson.

R

Ragueau.	Indice des Droits royaux et seigneuriaux, par François Ragueau.
Rebuffe.	
id.	Commentaires de Rebuffe.
Rentes.	Les Principes des rentes constituées, par Charles D. M. C.
id.	Jurisprudence des rentes.
id.	Traité du Contrat de constitution de rentes.
Renusson.	Traité de la Subrogation, par Philippe de Renusson.
Retraits.	Traité des Retraits.
Ricard.	Traité des deux Substitutions directe et fideicommissaire, par Jean-Marie Ricard.
Robert.	Quatre livres des Arrêts et choses jugées composés en latin par Anne Robert, traduits par Tournet.

S

Saisies.	Code des Consignations, Saisies réelles, Hypothèques, Ventes de meubles.

Scellés.	Règlements fur les Scellés et Inventaire.
id.	Traité de l'Appofition et de la Levée des Scellés.
Séduction.	Traité de la Séduction confidérée dans l'ordre judiciaire.
Serpillon.	Code civil ou Commentaire fur l'Ordonnance d'avril 1667, par François Serpillon.
Servin.	Plaidoyers de M. Louis Servin.
Simon.	Maximes de Droit canonique, par Denis Simon.
Style.	Nouveau Style du Châtelet de Paris.
id.	Style de toutes les cours et jurifdictions du royaume, par J. A. S., avocat au parlement de Touloufe.
Subftitutions.	Queftions fur les fubftitutions.

T

Tailles.	Nouveau Recueil d'ordonnances fur le fait des Tailles.
id.	Nouveau Code des Tailles.
Théveneau.	Commentaire fur les Ordonnances, par Théveneau.

U

Ufure.	De l'Ufure.

V

Vente.	Traité du Contrat de vente.
Vivien.	Difcours de rentrée de la Cour d'Amiens, le 3 novembre 1830, par Vivien.

HISTOIRE — GÉOGRAPHIE
VOYAGES

A

Abbayes.	Pouillé général des abbayes de France et bénéfices qui en dépendent.
Alger.	Voyage à Alger pour la Rédemption des captifs, en 1720.
Allemagne.	Hiſtoire d'Allemagne, par de Prade.
id.	Abrégé chronologique de l'Hiſtoire d'Allemagne, par Pfeffel.
André Ducheſne	Les Antiquités et Recherches des villes, châteaux et places les plus remarquables de toute la France.
Andrieux.	Notice hiſtorique ſur Andrieux, par Berville.
Angleterre.	Hiſtoire d'Angleterre depuis la deſcente de Jules Céſar juſqu'au traité d'Aix-la-Chapelle 1748, par M. Smolett, traduite par M. Targe.
id.	Hiſtoire d'Angleterre depuis 1748 juſqu'en 1763, par M. Targe.
id.	Abrégé de l'Hiſtoire d'Angleterre, Écoſſe et Irlande.
id.	Conſtitution de l'Angleterre, par M. de Lolme.
id.	État politique actuel de l'Angleterre, 1757.
Antiquaires de Picardie.	Mémoires des Antiquaires de Picardie.
id.	Annuaire ſtatiſtique et hiſtorique de la Somme, par la Société des Antiquaires de Picardie.
Archives.	Traitement de l'arrangement des Archives.
Arnauld d'Andilly.	Hiſtoire des Juifs, par Arnauld d'Andilly.

Audierne.	Le Périgord illuftré, par Audierne.
Autriche.	Mémoires hiftoriques et politiques de la maifon d'Autriche.
Aymé.	Déportation et Naufrage de JJ. Aymé.

B

Bannière.	Notice fur la Bannière de Péronne, par H. Dufevel.
Bazot.	Lettre de M. Bazot fur les feules monnaies franques trouvées en Picardie.
Belbeuf.	Hiftoire des grands Panetiers de Normandie, par le marquis de Belbeuf.
Benjamites.	Les Benjamites rétablis en Ifraël.
Bérenger.	Hiftoire de Genève, par Bérenger.
Berruyer.	Hiftoire du peuple de Dieu, par Ifaac-Jofeph Berruyer de la Cie de Jéfus.
Binet.	Annuaire ftatiftique du département de la Somme, par Binet, fils aîné, 1827.
Biographie	du département de la Somme, par Vulfran Warmé.
Boucher de Perthes.	Antiquités celtiques et antédiluviennes, par Boucher de Perthes.
Buffier.	Géographie univerfelle, par le P. Buffier.

C

Calonne.	Lettre adreffée au roi par M. de Calonne, le 9 février 1789.
Careri.	Voyages autour du monde, traduits de l'Italien Gemelli Careri.
Cayenne.	Voyages à Cayenne, par Louis-Ange Pitou.

Childebert.	Livre des geftes du roi Childebert III.
Chronologique.	L'Efprit chronologique.
id.	Les Tablettes chronologiques, par Marcel.
Cloches.	Les Cloches de Péronne, par G. Vallois.
Cœffeteau.	Hiftoire romaine d'Augufte à Conftantin, par le P. Cœffeteau.
Collége.	Notice hiftorique fur le Collége de Péronne, par G. Vallois.
Colliette.	Mémoires pour fervir à l'Hiftoire du Vermandois, par Louis-Paul Colliette.
Colfon.	Notice fur une médaille de Junon Phallophore par M. Colfon.
id.	Notice fur Monnaies impériales en or, par M. Colfon.
id.	Sur Monnaies de Noyon, par Colfon.
Couronne.	Les grands Fiefs de la Couronne, par le préfident Hénault.
Crévier.	Hiftoire des Empereurs romains, depuis Augufte jufqu'à Conftantin, par Crévier.
Crimée.	L'Expédition de Crimée, par le baron de Bazancourt.
Cromwell.	La vie d'Olivier Cromwell, par Grégoire Leti.

D

Daire.	Hiftoire de Montdidier, par le père Daire.
Dampier.	Voyages autour du monde, par Dampier.
Daniel.	Hiftoire de France depuis l'établiffement de la monarchie françaife dans les Gaules, par le P. Daniel.
Dauphin.	Vie du Dauphin, père de Louis XVI, par l'abbé Proyart.
Decagny.	L'Arrondiffement de Péronne, par Paul-De Cagny, curé d'Ennemain.

Delambre. Éloge hiftorique de Delambre, par Vulfran Warmé.

Delamorlière. Notice biographique fur Reynard, par N. Delamorlière.

Delamotte. Hiftoire de Tertulien et d'Origène, par Delamotte.

De la Motte. Mémoires fur la vie de Louis François, Gabriel d'Orléans, de la Motte, évêque d'Amiens.

Denon. Voyage dans la haute et baffe Égypte, par Vivant Denon.

Domingue. Soirées Bermudiennes ou entretien fur les événements qui ont opéré la ruine de la partie françaife de l'île de St-Domingue.

Dubois La Ligue, par Dubois.

Ducoin. Philippe d'Orléans Égalité, par Augufte Ducoin.

Ducray-Duminil Les principaux Événements de la révolution de Paris, par Ducray-Duminil.

Dumont de Bof-taquet. Mémoires inédits de Dumont de Boftaquet, par Charles Read at Waddington.

Dupleix. Mémoire pour le fieur Dupleix contre la compagnie des Indes.

Duprat. Généalogie hiftorique, anecdotique et critique de la maifon Duprat, par le marquis Duprat.

Dupuy. Traité touchant les droits du roi fur plufieurs états et seigneuries poffédés par des princes voifins, par Dupuy.

E

Eftourmel. Tombeau de Pierre d'Eftourmel, par Ch. Gomart.

États généraux.	Lettre du roi fur la convocation des États généraux à Verfailles, le 27 avril 1789.
id.	Mémoires fur les États généraux, leurs droits, la manière de les convoquer.
id.	Nouvelles obfervations fur les États généraux de France, par Mounier.
Europe.	Voyages hiftoriques de l'Europe.

F

Fenier.	Relation du Siége de Péronne, par le père Fenier.
id.	id. réimpreffion par les foins de M. le vicomte d'Auteuil.
Fléchier.	Hiftoire de Théodofe-le-Grand, par Fléchier.
Fleury.	Mœurs des Ifraélites et des Chrétiens, par l'abbé Fleury.
Florus.	Hiftoire romaine d'Augufte à Conftantin, avec l'épitome de L. Florus.
Fouilles.	Rapport fur les Fouilles à entreprendre dans le département de la Somme, par Garnier.
France.	Hiftoire de France fous Louis XIV, par Larrey.
id.	Tableau de l'Hiftoire de France, depuis le commencement de la monarchie jufqu'au règne de Louis XVI.
id.	Inventaire général de l'Hiftoire de France, par Jean de Serres, depuis Pharamond jufqu'en 1618.
id.	Statiftique élémentaire de la France, par Jacques Peuchet.
id.	Nouvel Abrégé chronologique de l'Hiftoire de France, depuis Clovis jufqu'à Louis XIV.
id.	Confidérations fur la France.

France.	La France et les Français en 1817, par Lefur.
id.	État de la France en 1783.

G

Galle.	Voyage à la Nouvelle Galle du Sud.
Garibaldi,	par Alexis la Meffine.
Gaullière.	Obfervations fur la déclaration du roi du 9 avril 1736, par Gaullière.
Géographie,	par l'abbé Nicole de la Croix.
id.	Géographie de la France.
id.	Méthode pour apprendre la Géographie.
id.	Géographie naturèlle, par M. Robert.
Gomart (Ch.)	Ham, fon château et fes prifonniers.
Grèce.	Voyage en Grèce, par Xavier Scrofani.
Grégoire de Tours.	Études fur Grégoire de Tours, par Des Francs.
Grenier.	Introduction à l'Hiftoire générale de la province de Picardie, par Dom Grenier.

H

Harderad.	Hiftoire du franc Harderad et de la vierge Aurélia.
Haftings.	Mémoires fur l'Inde, par Warren Haftings.
Hiftorique.	Nouveau Dictionnaire hiftorique, par une fociété de gens de lettres.
Hongrie.	Hiftoire et Defcription ancienne et moderne du royaume de Hongrie.
Hordret.	Hiftoire des droits anciens et prérogatives de St-Quentin, par Louis Hordret.

I

Indes. — Histoire philosophique et politique des établissements et du commerce des Européens dans les deux Indes, par Raynal.

Italie. — Voyage d'Italie, traduit de Richard Lassels.

L

Lenglet du Fresnoy. — Principes de l'Histoire, par l'abbé Lenglet du Fresnoy.

Louis XIV. — Histoire militaire du règne de Louis XIV, par le marquis de Quincy.

id. — Histoire de Louis XIV, par Reboulet.

id. — Recueil de lettres pour servir d'éclaircissement à l'Histoire militaire du règne de Louis XIV.

Louis XV. — Journal historique du règne de Louis XV.

Louisiane. — Voyage à la Louisiane en 1794-1798.

M

Mably. — Testament du publiciste patriote ou observations de l'abbé Mably sur l'Histoire de France.

Mallet (Fernand). — Sur Monnaies picardes du XIe siècle, par F. Mallet.

Malte. — Histoire des Chevaliers de Malte, par l'abbé Vertot.

Martel. — Essai historique et chronologique sur Péronne, par Martel.

Massuet. — Histoire de la Guerre présente et des négociations pour la paix, par M. Massuet.

Mazarin. — Parallèle du cardinal de Richelieu et du cardinal Mazarin, par l'abbé Richard.
Melun. — Les Antiquités de Melun, par Sébaſtien Rouillard.
Mexique. — Hiſtoire de la Conquête du Mexique, traduite de Dom Antoine de Solis.
Mignot. — Hiſtoire de l'Empire ottoman depuis ſon origine juſqu'à la paix de Belgrade, en 1740, par Mignot.

N

Nervii. — Diſſertation ſur l'emplacement du champ de bataille où Céſar défit l'armée des Nervii.

P

Pairie. — Hiſtoire de la Pairie de France et du Parlement de Paris.
Picardie. — Procès-verbal des ſéances de l'Aſſemblée provinciale de Picardie en 1787.
Pierre-le-Grand — Mémoires du règne de Pierre-le-Grand, par Iwan Neſte Suranoï.
Profane. — Hiſtoire profane depuis ſon commencement juſqu'en 1714.
Pufendorf. — Introduction à l'Hiſtoire de l'univers, par le baron de Pufendorff.

R

Renaudot. — Révolution des Empires, depuis la création juſqu'à nos jours (1769), par Renaudot.

Révolution fran-çaife.	Table alphabétique du Moniteur de 1787 jufqu'à l'an 8.
id.	Analyfe complète et impartiale du Moniteur.
Roland.	Compte-rendu à la Convention, par Jean-Marie Roland.
Rollin.	Hiftoire romaine, depuis la fondation de Rome jusqu'à la bataille d'Actium, par Rollin.
id.	Hiftoire ancienne, par Rollin.
Romains.	Nouvel Abrégé chronologique de l'Hiftoire des Empereurs romains.
id.	Hiftoire des Révolutions romaines, par l'abbé de Vertot.
Rome.	L'État du fiége de Rome.

S

Samarobriva.	Examen d'une Queftion de Géographie ancienne.
Siam.	Voyage des Ambaffadeurs de Siam en France en 1686.
id.	Voyage de Siam des pères Jéfuites.
Simler.	La République des Suiffes décrite en latin par Jofias Simler et traduite en français.
Sifmondi.	Lettres inédites de Sifmondi, par St René Taillandier.
Soiffonnais.	Procès-verbal des féances de l'Affemblée provinciale du Soiffonnais tenue à Soiffons.
Somme.	Procès-verbal de l'Affemblée du département de la Somme, tenue à Amiens en novembre et décembre 1790.
Stuart.	Marie Stuart et le comte de Bottwell, par Weifener.
Surinam.	Voyage à Surinam, par le capitaine Stedman.

T

Tuileries. Précis hiftorique fur les ftatues qui ornent le jardin des Tuileries — an 6.

LITTÉRATURE — CLASSIQUES

A

Abel. La mort d'Abel, par Geffner, traduction d'Huber.
Académie fran- Recueil des Harangues prononcées par MM.
çaife. de l'Académie françaife lors de leurs réceptions, depuis l'établiffement de l'Académie jufqu'en 1698.
Académie du dé- Ses Mémoires, années 1835 et 1863.
partement de
la Somme.
Amiens. Le Siége d'Amiens, roman hiftorique.
Angleterre. Difcours prononcés au parlement d'Angleterre, par Fox et Pitt.

B

Bavière. Poéfie du roi Louis de Bavière, traduite par William Duckett.
Bayle. Remarques fur Virgile et Homère, par Bayle.
Belge. Effais pofthumes, en vers et en profe, par un Belge.
Bernard. Odes morales fur plufieurs vérités de la religion, par le P. D. Bernard.

Bernardin de St-Pierre.	Études fur la nature, par Bernardin de St-Pierre.
Berville.	Éloge de Jacques Delille, par Berville.
id.	Notice fur J.-J. Rouffeau, par Berville.
id.	Éloge de Henri Marotte, par Berville.
Bretteville (de)	L'Éloquence de la chaire et du barreau, par l'abbé de Bretteville.
Breuil.	Lettres inédites de Mme Roland, de 1772 à 1780, par Augufte Breuil.

C

Campo-Santo,	Ou les effets de la Calomnie, par Lhomme St-Alphonfe.
Céfar.	Commentaires de Céfar.
Chaffang.	Hiftoire du Roman, par Chaffang.
Cicéron.	Lettres de Cicéron.
id.	Tullii Ciceronis Orationum, pars Secunda.
id.	Tullii Ciceronis Orationes.
id.	Tullii Ciceronis Thefaurus.
id.	Cicéron, par Lamartine.
Compagni.	Dino Compagni. — Étude hiftorique et littéraire fur l'époque du Dante, par Karl Hillebrand.
Crinon.	Satires picardes, par Hector Crinon.

D

Delamotte.	Homère vengé, ou réponfe à M. Delamotte fur l'Iliade.
Desfontaines.	Les Paftorales de Virgile, par l'abbé Desfontaines.

Durand. Épître à un ami fur l'éducation des femmes au 19ᵉ fiècle, par Armand Durand.

E

Éloquence. Principes d'éloquence, par le cardinal Maury.
Érafme. Les Colloques d'Érafme, par Gueudeville.
Efprit. Maximes politiques mifes en vers par l'abbé Efprit.
Études. Traité des Études, par Rollin.
Évremont (Sᵗ) Apologie des Œuvres de Sᵗ-Évremond.

F

Flavius. Jofephus.
Fleurs. Les cinq fleurs de la grâce, par Catherine Lévefque.
Folie. Éloge de la folie, par Érafme, traduit par Gueudeville.
Françaife. Principes généraux et particuliers de la langue françaife, par M. de Wailly.
id. Grammaire françaife, par Reftaut.

G

Galoppe. Le Whift, poème didactique, par Cléon Galoppe.
Gerfon. L'efprit de Gerfon.
Girard. Synonymes français, par l'abbé Girard.

H

Hem. Analyfe du roman du Hem du Trouvère Sarrafin, par Peigné-Delacourt.

Henriade.	Commentaires fur les œuvres de l'auteur de la Henriade.
Holberg	Confidéré comme imitateur de Molière, par Legrelle.
Homère.	Iliade.
id.	Traduction par Hugues Salel, par Amadis Jamin, par Jacques Peletier du Mans (1577).
id.	Remarques fur Homère et Virgile.
id.	Homère vengé, en réponfe à M. Delamotte fur l'Iliade.

I

Italien.	Nouveau Théâtre italien.
Joubert.	Dictionnaire latin-français, par Jofeph Joubert.
Juvénal.	Les Satires.
id.	Satires de Juvénal et de Perfe.

L

Labruyère.	Les Caractères de Théophrafte avec les Caractères, par M. de Labruyère.
Lançon.	Lord Macaulay, fes effais, fes difcours, et fon hiftoire d'Angleterre, par Lançon.
Lefage.	Œuvres de Lefage.
Louis XIV.	Siècle de Louis XIV et précis du fiècle de Louis XV.
Louis XV.	Ode aux mânes de Louis XV.
Louis-Philippe.	Difcours, allocutions et réponfes du roi en 1830, 1831, 1832, 1833.

M

Ménage.	Obfervations de Ménage fur la langue françaife.

Molière.   Œuvres de Molière.
Monsieur.   Hommage de deux Français à Monsieur, frère du roi.
Montalte (De) Réponses aux lettres provinciales de de Montalte, ou Entretien de Cléandre et d'Eudoxe.
Montesquieu. Œuvres de Montesquieu.

N

Napoléon.   Discours, messages de Louis-Napoléon Bonaparte, depuis son retour en France jusqu'au 2 décembre 1852.
id.   Discours, messages et proclamations de 1849 à 1860.
Noue (De la) Discours politiques et militaires du seigneur de la Noue.

O

Olympiques de Pindare, traduites en français.
Orthographe. Traité de l'orthographe française, par Restaut.

P

Perse.   Les Satires.

Q

Quinte-Curce. Traduction de Vaugelas.
Quintilien.

R

Racine.   La Religion, par Racine.
Rhétorique.   Novus Candidatus Rhetoricæ.

S

Salluste.   Discours de Sallufte.

T

Tacite.   Cornelii Taciti annales et hiftoria.
Térence.   Publii terentii Comædiæ.
Teftament.   Selectæ e veteri teftamento hiftoriæ.
Tite-Live.

V — W

Warmé.   Dernier hommage à fes compatriotes, par Vulfran Warmé.
Vaugelas.   Remarques de Vaugelas fur la langue françaife.

SCIENCES

A

Algèbre.   Éléments d'arithmétique, algèbre, géométrie, par Mazeas.
id.   Éléments d'algèbre, par le Bourg de l'Épine.

Aſtres. Discours sur les différentes figures des astres, par M. de Maupertuis.
Aſtronomie. L'Astronomie au 19ᵉ siècle, par Boillot.
Audin-Rouvière. La médecine sans médecin, par Audin-Rouvière.

B

Boerhaave. Institutions de médecine de M. Herman Boerhaave.
Bomare. Dictionnaire d'histoire naturelle, par Valmont de Bomare.
id. Minéralogie, par Valmont de Bomare.
Bordelon. Nouveau Théâtre du monde, par l'abbé Bordelon.
Buffon. Histoire naturelle par Buffon.

C

Calculs. La Langue des Calculs, par Condillac.
Chimique. Précis d'Analyse chimique quantitative, par Gerhard et Chancel.
Comètes. Considérations sur les Comètes, par Charles Nagy.
Cosmographique Voyage cosmographique, par Schæfer.

E

Électriques. Théorie mathématique des courants électriques, par Ohm, traduite par J. M. Gaugain.
Euclide. Euclidis megarensis elementa.

G

Gattey. Éléments du nouveau Système métrique, par Gattey.

L

Laugel. Les Problèmes de la nature, par Auguſte Laugel.

M

Médecine. Dictionnaire de Médecine et Chirurgie, par Élie Col de Vilars.

N

Nollet. Leçons de Phyſique expérimentale, par l'abbé Nollet.

P

Phipſon. Le Préparateur Photographe, par Phipſon.
Phyſico-écono- Bibliothèque phyſico-économique.
mique.

V

Vaccinations. Rapport ſur les vaccinations pratiquées en France en 1808-1809.
  id. id. en 1824.

AGRICULTURE — COMMERCE

A

Agronome. L'Agronome, ou dictionnaire portatif du cultivateur.

C

Comice agricole. Diſcours d'Iſaac Péreire au comice agricole de Beynat (Corrèze), le 20 ſeptembre 1863.

Commerce. Traité de Commerce de terre et de mer.
id. Dictionnaire portatif du commerce.
id. Parères ou avis et conseils en matière de commerce, par Jacques Savary.

D

Danzel. Traité sur la plantation en général et le boisement des mauvaises terres dans le département de la Somme, par Danzel.

E

Exposition de 1819.

F

Forêts. Traité de l'aménagement et de la restauration des bois et forêts de France, par M. de Perthuis.

M

Mallet de Chilly Projet de société pour planter 20,000 hectares de bois, par M. Mallet de Chilly.

N

Négociant. Le Parfait Négociant, par Jacques Savary.

JOURNAUX — ÉCRITS PÉRIODIQUES

A

Assemblée légis- Procès-verbaux de l'Assemblée nationale légis-
lative 1791. lative du 1er octobre 1791 au 21 septembre 1792.

BIBLIOTHÈQUE DE PÉRONNE

Assemblée légis- Collection générale des Décrets rendus par la
lative, 1791. première Assemblée législative et par la Convention, à partir d'octobre 1791 jusqu'au 31 mai 1793.

id. Journal des Débats et Décrets de la première Assemblée nationale législative du 1er octobre 1791 au 21 septembre 1792.

B

Borelly. Journal de l'Instruction publique, par Thiebaut et Borelly.

C

Clef. La Clef du Cabinet des princes de l'Europe.
id. Suite de la Clef, journal historique.
id. Supplément de la Clef, journal historique.
Conseil des Cinq- Journal des Débats et lois du Conseil des
Cents. Cinq-Cents — 20 mai 1797 — 19 mai 1798.
Convention na- Collection des lois et décrets de la Convention
tionale. — 15 juin 1794 au 26 octobre 1795.
id. Et l'Assemblée législative — du mois d'octobre 1791 au 31 mai 1793.

G

Gazette nationale de France, an 4.
id. officielle — du 14 juillet 1815 au 27 janvier 1816.
id. des Tribunaux — du 3 novembre 1826 au 31 mars 1836.

H

Hollande. Gazette de Hollande — 1757 à 1767.

I

Illuſtration. L'Illuſtration, journal univerſel — de 1843 à 1863.

J

Journal français — 1777-1778.
id. de Péronne — 1808, 1809, 1810, 1817 à 1863.
id. politique — 1768-1794.

L

Librairie. Le Magaſin de Librairie — du 10 novembre 1858 au 25 octobre 1860.

M

Mercure hiſtorique et politique — de 1686 à 1700 — de 1756 à 1767.
id. de France — 1750, 1754, 1755, 1756, 1762.

N

Nationale. La Revue nationale — novembre et décembre 1860.

P

Paris. Journal de Paris — 1786, 1787, 1788, 1789, 1790.

R

République. Feuille de la République, an 2.

S

Somme.   Bulletin de la Somme — 1807, 1808, 1809, 1810, 1811.
id.   Journal du département de la Somme — 1812, 1813, 1814, 1815.

V

Verdun.   Table générale alphabétique et raifonnée du journal hiftorique de Verdun, depuis 1697 jufqu'en 1756.

LIVRES ANGLAIS — ITALIENS

A

Anderfons.   M. Anderfons — commercial — correfpondance.
Arlington.   MM. Arlington, Henry Wood, The Ruffian Boy.

B

Byron.   Mazeppa, poème de lord Byron.

G

Goldfmith.   The vicar of Wakefield by Oliver Goldfmith.
Greece.   Hiftory of Greece.

H

Henriade.   La Henriade en anglais.

I

Italien.   Dictionnaire italien-français et français-italien, par Veneroni.

Italienne.   Grammaire italienne, par Céfar Oudin.

K

Kingſley.   Alton Locke, par Charles Kingsley.

L

Legacy.   The travellers Legacy to his friends.

P

Profody.   Sadlers treatife on englifh Profody.

R

Robertfon.   A view of the progrefs of fociety in Europe by W. Robertfon.

DIVERS

A

Almanach   impérial — 1806, 1808, 1809, 1810, 1811, 1812, 1813.
id.   national, an 2, an 6.
id.   royal, 1776, 1777, 1778, 1782, 1789, 1814-15, 1816, 1817, 1818, 1819, 1820, 1821, 1822, 1824, 1827, 1828, 1832, 1834, 1837, 1838.
id.   des Spectacles, 1822, 1823, 1824, 1825.
Ariſtarque.   Le faux Ariſtarque reconnu.

B

Belgarde (de) L'art de connaître les hommes, par l'abbé de Belgarde.

id. Réflexions fur le ridicule et fur les moyens de l'éviter, par l'abbé de Belgarde.

Bocous. Le paffé et le préfent ou le tour en un coup-d'œil, par Bocous.

Boucher de Perthes. Opinions de M. Chriftophe fur les prohibitions et la liberté du commerce, par M. Boucher de Perthes.

id. De l'éducation du pauvre.

id. De la création.

id. De la mifère.

id. Du patronage.

id. Petit gloffaire, traduction de quelques mots financiers.

Boulangerie. Rapport à l'Empereur.

Boullenois. Differtation par Louis Boullenois.

Boulogne. Rapport du fous-préfet au confeil d'arrondiffement de Boulogne.

C

Calendrier. Concordance des calendriers républicain et grégorien.

Candidatures officielles.

Caraccioli. Ouvrages du marquis Caraccioli.

Charité. Manuel des Dames de Charité.

Chateaubriant Réflexions par M. de Chateaubriant, 1814.

Chomel. Dictionnaire économique, par Noël Chomel.

Cochin. Manuel des Salles d'Afile.

Commenfaux. Code des Commenfaux.

Condillac. La Logique, par Condillac.

Conseil-général	Analyse des Délibérations du Conseil général de la Somme de 1835 à 1841.
id.	Procès-verbaux des Délibérations du Conseil général de la Somme de 1841 à 1863.
Constitution.	Discours de Thuillier sur la Constitution de l'Empire.
Constructions.	Traité d'Économie pratique dans les constructions, par Jumel Riquier.
Convois militaires.	Règlement sur le service des Convois militaires par terre et par eau.
Cordeliers.	Factum pour les religieuses de Ste-Catherine-les-Provins contre les pères Cordeliers.
Corta.	Discours sur le Mexique, par M. Corta.
Corvées.	Essai sur les Ponts-et-Chaussées, la Voirie, les Corvées.
id.	Lettres de M. *** sur les Corvées, les Finances, les Subsistances, les Communautés religieuses.

E

Électeur.	Lettre d'un Électeur de Paris à un Électeur de département, octobre 1820.
Ellis.	Leçons d'économie sociale, par W. Ellis, traduites par Terrien.
Entreprise.	De l'administration de l'armée d'Espagne et du système des entreprises.
État militaire de la France	en 1777, par M. de Roussel. id. en 1781.

F

Finances.	Organisation et administration des Finances pour un peuple libre, par Laporte.
id.	Discours sur les Finances (budget de 1866), par M. Vuitry.

G

Garde nationale État militaire de la garde nationale pour l'année 1790.

Guienne. Procès-verbal des féances de l'Affemblée provinciale de la Haute-Guienne.

H

Humaines. Antiquité des races humaines, par Rodier.

I

Infanterie. Règlement concernant l'exercice et la manœuvre de l'infanterie, 1er août 1791.

Ifnard. Profcription d'Ifnard.

Italie. Difcours de M. Rouher fur la Convention du 15 septembre 1864.

Italienne. Queftion italienne (1865).

L

Lafayette. Nouveau Catéchifme militaire approuvé par M. de Lafayette.

Lemaître de Claville. Traité du vrai mérite de l'homme, par Lemaître de Claville.

Leti. La Monarchie univerfelle traduite par M. Leti.

Levallois. Critique militaire, par Levallois.

Lyon. Mémoire pour les bourgeois de Lyon.

M

Mallet de Chilly Le réveil-matin du miniftre des finances, par Mallet de Chilly.

id. Plus d'octroi, par Mallet de Chilly.

Marine. Ordonnance de marine, août 1861.

Mexique. Discours de M. Rouher sur le Mexique.
Militaire. Recueil d'édits, déclarations, concernant l'école militaire.
id. Ordonnances militaires.

P

Pacte social.
Peuchet. Statistique élémentaire de la France, par Jacques Peuchet.
Places. Ordonnance du roi pour régler le service dans les places et dans les quartiers — 1er mars 1768.
Politiques. Des corps politiques et de leur gouvernement.
Pompes funèbres Le privilège et le droit en matière de pompes funèbres.
Princes. Affaire des princes légitimes et légitimés.

R

Réflexions d'un observateur impartial.
Rivoire. Annuaire du département de la Somme, par Rivoire — 1806.

S

Secours mutuels. Rapports à l'Empereur sur les sociétés de secours mutuels, à partir de 1853.
Spectateur. Le Spectateur ou le Socrate moderne, traduit de l'Anglais.

T

Travail. Théorie du Travail, par de Tellam.

TABLE DES MATIÈRES

	pages
Religions — Philosophie.	3
Droit — Jurisprudence — Coutumes.	12
Histoire — Géographie — Voyages.	31
Littérature — Classiques.	40
Sciences.	45
Agriculture — Commerce.	47
Journaux — Écrits périodiques.	48
Livres anglais — italiens.	51
Ouvrages divers.	52

www.ingramcontent.com/pod-product-compliance
Lightning Source LLC
LaVergne TN
LVHW021720080426
835510LV00010B/1070